© 1983 Emme Edizioni S.r.l.
© Ediciones Destino, S.A.
Consell de Cent, 425. 08009 Barcelona
Traductor: Joan Baraldes
Primera edición: septiembre 1983
Segunda edición: diciembre 1985
Tercera edición: junio 1988
Cuarta edición: junio 1989
Quinta edición: julio 1990
ISBN: 84-233-1265-8
Depósito legal: B. 31.360-1990
Impreso por Gráficas Domingo, S.A.
Industria, 1. Sant Joan Despí (Barcelona)
Impreso en España - Printed in Spain

Ibi Lepscky

Pablito

Ilustraciones de Paolo Cardoni

Ediciones Destino

Pablito era un muchacho impetuoso, generoso, desordenado.
Cambiaba de humor con facilidad y a veces tenía repentinos y te-
rribles ataques de cólera.
Su carácter era muy contradictorio, y aunque su madre lo quería
mucho no lograba comprenderlo.

No, su madre no comprendía por qué Pablito guardaba cuidadosamente hojas secas, conchas, guijarros, huesos de melocotón, tallos de cereza, y en cambio dejaba de lado, amontonados y en completo desorden, todos los juguetes que le habían regalado.

Un día Pablito tuvo una rabieta porque una de sus tan queridas conchas cayó al suelo y se partió un poco.

—Te quedan otras exactamente iguales —trató de consolarlo su ma-

dre sin resultado. Su madre no sabía que Pablito había descubierto diferencias casi imperceptibles entre cosas aparentemente iguales. Una concha es siempre distinta a otra concha, una hoja es diferente a otra hoja, un hueso de melocotón nunca es igual a otro hueso de melocotón. Sí, el pequeño Pablito había descubierto que la naturaleza no repite nunca la misma cosa.

Pero no quería decirlo. Era un chico reservado.

Así pues, Pablito lloró y rabió, y luego se vengó pegando patadas a todos sus juguetes, como con ganas de romperlos.
También esto era algo que su madre no comprendía.
¿Por qué Pablito quería romper sus juguetes?
En realidad Pablito no quería romper nada, sólo deseaba transfor-

mar la simple realidad de aquellos juguetes en alguna otra cosa. En su imaginación las ruedas del carro eran dos grandes ojos de gato y el manillar del triciclo eran los cuernos de un toro. ¡Cómo le hubiera gustado poder separar el manillar y ponerlo en la cabeza de su caballo de cartón! No, su madre no le comprendía, nadie le comprendía.

Un día la criada también protestó indignada porque Pablito, con la
salsa de tomate –una salsa exquisita–, había dibujado extraños ga-
rabatos en la pared de la cocina. Y, por si esto no bastaba, con un
trozo de carbón había ensuciado la inmaculada sábana de planchar
que guardaba en el ropero.

La criada tuvo que perder mucho tiempo en volver a dejarlo todo limpio con la esperanza de que esto no volviera a ocurrir.
Pero no fue así. Al cabo de dos días su madre descubrió que Pablito había echado a perder una pared del salón al rayarla con un clavo. Hubo que poner un diván delante para ocultar aquel desastre.

Y nada de contárselo a su padre. El padre de Pablito no quería que lo molestaran. Cuando llegaba a casa deseaba descansar y no escuchar historias de niños y de criadas. En realidad, el padre de Pablito ocupaba todo su tiempo libre en la pintura. Delante de su caballete, con sus colores y pinceles, no hacía más que pintar, pintar y pintar.

Con el fin de tener un poco de tranquilidad, la madre de Pablito decidió llevar a su hijo a una guardería. «Tal vez –pensó– se calmará un poco, jugará con otros niños y aprenderá poesías y canciones.»

Pero en la guardería Pablito no quería jugar con los demás niños ni cantar canciones.

Y en lugar de dibujar bonitas florecillas en su cuaderno, tal como deseaba la maestra, Pablito había pintado un sol azul muy grande en medio de un cielo totalmente rojo.

–¡Pablito! ¡El sol no es azul!

Indignada y horrorizada, la maestra lo había increpado delante de todos los demás niños.

Y los niños rompieron a reír.

Desde aquel día Pablito no quiso volver a la guardería.

—¿Qué va a ser ese chiquillo cuando se haga mayor? —suspiraba su madre—. Es tan rebelde, tan testarudo. Tal vez podría ser soldado. En este caso no me extrañaría que llegara a general.

—Pero todavía puede cambiar —le consolaba la criada, que siempre leía vidas de santos—. Puede reformarse, hacerse cura o incluso llegar a papa.

Pero un domingo por la mañana, mientras su madre se arreglaba
para ir a misa, Pablito hizo algo horrible.

Pintó a su hermanita con una yema de huevo transformándola en
un divertido payaso.

Sí, le pintó dos grandes manchas redondas y amarillas en las meji-
llas, dos círculos amarillos alrededor de los ojos, una mancha ama-
rilla en la punta de la nariz y luego extendió yema de huevo por el
cabello y pintó de amarillo su elegante vestido de los domingos. Su
hermana, al principio, se lo tomó como algo divertido, pero cuando
se miró al espejo y se vio transformada en un pequeño monstruo

amarillo con su vestido rosa de los domingos echado a perder,
rompió a llorar desesperadamente.

Tampoco su madre, en cuanto descubrió lo ocurrido, pudo conte-
ner las lágrimas. Después de secarse con un pañuelo de encaje dijo:
—¡Esto ya es demasiado! Haré que su padre le dé una buena repri-
menda.

Llamaron a su padre y le contaron todo lo ocurrido.

Cuando vio lo que Pablito había hecho le entraron ganas de reír,
aunque no lo hizo. Sin duda la madre de Pablito no hubiera tolera-
do que su esposo se divirtiera viendo a su hija convertida en payaso.

—Dame el sombrero —dijo el padre de Pablito a su esposa—. Y también el del muchacho. Iremos a pasear y trataré de comprender
por qué Pablito se comporta de este modo.
Pablito y su padre fueron a pasear por la playa. Al cabo de un rato
el padre se sintió cansado y se tumbó en la arena.

Pablito se sacó los zapatos y empezó a corretear descalzo, parándose de vez en cuando para recoger conchas.

Al cabo de un rato su padre se despertó y, cuando abrió los ojos, vio ante él, en la arena húmeda, algo que lo dejó sin voz.

Alguien, con sólo trazar una línea sinuosa, había dibujado un delfín.
El padre de Pablito se frotó los ojos y se levantó para verlo mejor,
pero justo en aquel momento vino una ola y lo borró todo. Cerca
de allí Pablito seguía correteando descalzo.
De vuelta a casa, el padre de Pablito no lograba sacarse de la me-
moria el recuerdo de aquel magnífico dibujo.
¿Lo había soñado?

¿Quién había dibujado aquel maravilloso delfín?
¿Pablito? ¿O tal vez alguien que pasó por allí mientras él dormía?
En cuanto llegaron a casa el padre de Pablito quiso ver los dibujos
que su hijo había hecho en la pared del salón. Apartó el diván y
quedó asombrado.
Parecían dibujos hechos por un hombre prehistórico. Renos y bi-
sontes que corrían y caballos y jinetes con flechas.

Entonces, el padre de Pablito llevó a su hijo al estudio, puso un
lienzo blanco en el caballete, le dio los pinceles y la caja de pintu-
ras y lo animó a que pintara.

Lo primero que pintó Pablito fue el retrato de su hermanita: su
cara era bellísima, llevaba cintas en el cabello y el vestido rosa de
los domingos.

Seguramente lo hizo para que le perdonara aquella faena de la
yema de huevo.

Después pintó árboles, paisajes, caballos; también pintó limones,

palomas, jarrones y la luna. Su padre quedó asombrado. Comprendió que Pablito tenía una extraordinaria e increíble aptitud para el dibujo y la pintura.

Lleno de emoción y de cariño, aquel día el padre de Pablito regaló a su hijo todos sus pinceles, la paleta, las telas, el caballete, las grandes hojas de papel en blanco, el carboncillo para los esbozos, los lápices y los cuadernos, y a partir de entonces dejó de dibujar y pintar. Se contentó con seguir con admiración y alegría los rápidos progresos del muchacho.

Pablito llegó a ser el pintor más genial e importante de la época moderna, de la cual pintó la realidad tal como todos la vemos, pero también tal como puede ser contemplada desde otros puntos de vista.